Intertextuality of Snow

互文之雪

hu wen zhi xue

蒋静米 著

暨南大学出版社
JINAN UNIVERSITY PRESS

中国·广州

图书在版编目(CIP)数据

互文之雪 / 蒋静米著. —广州:暨南大学出版社,2016.5
ISBN 978-7-5668-1812-6

Ⅰ.①互… Ⅱ.①蒋… Ⅲ.①诗集—中国—当代 Ⅳ.①I227

中国版本图书馆 CIP 数据核字(2016)第 089544 号

出版发行:暨南大学出版社

地 址	:中国广州暨南大学	
电 话	:总编室(8620) 85221601	
	营销部(8620) 85225284 85228291 85228292(邮购)	
传 真	:(8620) 85221583(办公室) 85223774(营销部)	
邮 编	:510630	
网 址	:http://www.jnupress.com http://press.jnu.edu.cn	

出 版 人:徐义雄
策 划:余 丛
策划编辑:崔军亚 杜小陆
责任编辑:崔军亚
责任校对:姚荇姝
责任印制:汤慧君 周一丹
排 版:中山市人口手文化传播有限公司
印 刷:佛山市浩文彩色印刷有限公司

开 本:890mm×1240mm 1/32
印 张:6.5
字 数:106 千
版 次:2016 年 5 月第 1 版
印 次:2016 年 5 月第 1 次

定 价:28.00 元

序一／古典想象的消失与诗意的重建

蒋静米是那种典型的中文系出身的年轻诗人，由于文学教育的过剩而刺激了美学上的反叛甚至患上一种美的厌食症，而她本来有机会以美的和词语的饕餮者的形象出现。这是一种奇妙的减肥措施，仿佛胖子遭遇精神危机而枯瘦，以防止慵懒成为中文系唯一的性格标识。她似乎本来也不关心封建制与郡县制的差异，如历史系学生那样，也不太敏感于形而上学与各种实学的不同；亦如哲学系学生那样，虽然他们分得清隐喻与转喻，而可悲之处就在于，对于他们来说，喻体和本体之间的关系自由而随意。而生活却是被设定的、有限的，因而他往往要花大力气用于清除我们的文学在事物表面涂抹和堆积的杂物，才能看得清房间里的格局。在这个方面，三十年前的一首诗《中文系》也许起到了一个反面作用，并将李亚伟推向一个叫做"莽汉派"的诗歌运动之中：它的解决办法是冲向街头。一代代初学者在有能力辨析文学的古典想象之前，最简单的办法就是索性与之隔离，至少形成一面观望的窗子。宇文所安曾难掩嫉妒地谈起中国古代男性诗人的闺怨诗，仿佛他就是那个被闺中女子苦苦等候的如意郎君，宇文所安的一厢情愿和古代诗人一脉相承。可以肯定的是，蒋静米并非这样一个房间中女子，而是一个活泼生动的现代人，她的位置在维吉尼亚·伍尔夫（Virginia Woolf）的房间与匆忙凌乱的街头之间，也许还是起到连通作用的过道和楼道。但请注意，在这过道和楼道上面，也许她还为自己秘密地保留了一扇窗户，显然她还未学会姿态优雅地从古典的房间眺望现代的街头，抑或从现代的街头观望古典的房间。也许姿态优雅与否并不重要，重要的是有这扇窗户，古典的我和现代的我可以翘望彼此。为什么我提到街头呢？从蒋静米热烈地描写街景的诗行可以看出，她似乎是以一种青年侠客般的精神投入庸俗日常的生活中去，这也是古典文学的热情的遗留。在文学和生活交织的困窘中，静米总是会写出惊艳而又似乎饱含深意的诗句：

假定的花园里只有美而并无真实

　　实际上这是她对古典想象的花园的感喟，虽然有些许不公平，但这首名为《迟到》的诗也表现了文学后生的"迟到感"。这句诗让人想到玛丽安·摩尔（Marianne Moore）的著名观念："诗艺创造想象的花园，里面有真实的癫蛤蟆。"癫蛤蟆同时也让想象的花园变得真实，美国诗就总要写到癫蛤蟆一般的人生经验，让人生真正拥有诗歌。如何让想象的花园变得真实是年轻诗人面临的问题，而让文学的古典想象这一"假定的花园"变得真实，甚至是学徒期也难以完成的绵延至未来的长期任务。

　　让古典想象的花园变得真实，最简便的一种方式就是对它的拒绝，因而这种拒绝，就暴露了古典现象和我们的距离，毕竟我们透过楼房的窗户能看到的是一个有着喷泉甚至广场的楼盘花园，但另一方面，古典形象的真实中的"崇高性"就显现出来，独一无二，孤高，但它的真实性也就难以为继。蒋静米一首成功的诗《而你对此一无所知》就是如此：

　　冬天我在所有出太阳的日子散步 / 像一个早衰的人 /

　　捏着一张过期身份证 / 等待着被春天投入监牢 / 可你对此

一无所知 / 我同时看两部戏剧 / 混淆彼此的人物、剧情和
气味 / 直到活着的死去 / 死去的死第二次 // 我还是没能背
下唐诗三百首 / 也写不好现代诗 / 我只有贫乏的形容词和
比喻 / 词语的贫困是真正的贫困 / 我求你 / 去《辞海》和
《辞源》中取要喝的水 // 我还是没事就闷头睡觉 / 像魏晋
时代前不具备文学自觉的人 / 忽然生 / 忽然死 / 忽然化而
为鹏 / 并不会提起你 / 一只蟾蜍 / 极少在一生中想到深山
桂子

　　与对话人的不相关正是与古典想象的不相关，于是古典停留为
古典，现代停留为现代，我与你两不相干，也两不相欠：正因为"不
具备文学自觉"，两个语义系统之间并不能产生交流。但这首诗的结
尾又暗示出这种对古典想象的拒绝，实际上意味着现代的诗意形象
和古典的诗性想象即使不相交，也是平行的。《悬想》中先是铺排
了现代人的庸常生活，像"丽丽说话 / 丽丽刷牙 / 丽丽在马路上吐出
大量白色泡沫 / 丽丽是踩在水泥和青烟上的实有物"，结尾突然说
"掸掸衣袖回家去 / 伤心者经不起夜色的剥削 / 还有何物可挂念？ / 一

种古典主义的回答 /"鲈鱼脍和莼菜羹"。但这种回答正揭示了我们
和古典的距离，当然另一方面也能看出我们对古典的思念。写到这
里，就可以发现对古典想象的"拒绝"并不简单，它类似于一种羞怯
的姿态，一种委婉表达的相反的愿望。在《诗三百》中，蒋静米找到
了让古典诗歌花园变得真实的另一种方式，那就是让古典想象适用
于现代生活，更准确地说，是将现代生活的意象永久焊接在古典想
象之中：

> 找一个早就被强拆的故居 / 或者从《辞源》中找一
> 个 / 早就从现代性的舌尖上走失的音节 / 念出来有莎草的
> 质地 // 已经枯萎，不再被一种颜色打湿 / 在纸制的楼窗看
> 到所有植物 / 都像一碗白粥一样善良 / 多年前以及多年
> 后 / 我们仍然没有学会 / 吴方言里的元音与辅音 / 抽油烟
> 机使用很方便 / 像一种胜利 / 扫除云气和野外的烟 / 此外，
> 你说还需要拧抹布机 // 这个人喝酒时不佐水草 / 不会用中
> 古汉语念诗经 / 只有山西老表还在以醋作酒 / 醉了一遍又
> 一遍 // 不过当你拒绝我的时候 / 我是不会去辗转反侧的 /

我要去你居民楼下 / 成为一支人人喊打的游行队伍

结尾就将《诗经》开篇的意象与现代政治生活的意象拼接了起来，似乎一下子提升了现代人情感的质量，而"游行示威"这种现代政治生活的强硬意象，也进一步突出了情感力量的强度或"震慑性"。之所以可以进行这种焊接，是因为古典想象本身留下了空隙，让我们在阅读古典诗歌时可以置身其中，呼吸和活在里面。

让古典想象变得真实的第三种方式是重写、续写或改写它，以使之具有"现代性"。某种程度上也可以说，这是古典想象自身之中生长出了现代性，就如土豆发芽一样，否则我们会始终以为古典想象是一种静态的死亡状态。但这种方式蒋静米几乎未能涉及。鲁迅的《故事新编》以"油滑"的方式做过这个工作，如果他在晚年写作新诗也同样会是古典新写的诗歌，这种方式其实在散文诗（prose poetry）《野草》中续写"山阴道中"的《好的故事》里已初见端倪。当代诗人如张枣的《何人斯》对《诗经·何人斯》的重写，陈东东的短制《眉间尺》延续了鲁迅的《铸剑》对《吴越春秋》一个情节的改写，朱朱的长诗《清河县》则"增写"了《金瓶梅》和《水浒传》中的一页。艾略特在《传统与个人才能》中的论断，新写出的真正的作品会改变既有的作品序列，同样适合于"新诗"与"旧诗"，也许更准确的说法是，现代想象（文学）会借助于与古典想象（文学）的关系的调整从而改变古典想象的位置，所谓"在同样程度上过去决定现在，现在也会修改过去"。就总体而言，现代想象与古典想象关系的改变，非一日之功。但就我们谈论的个体而论，蒋静米着迷于修炼"互文"的技艺，还未来得及对古典想象进行大规模的重写。静米倾向于将既有的文学想象和成规都当做古典来看待，以至于她会如此感慨："美人蕉一朵也没有掉下来 / 梅花鹿也没有踏碎新雪 / 神奇的事情一件都没有发生"（《神奇的事情一件都没有发生》），还好并未灰心。

蒋静米似乎笃定，互文性的秘密就是诗歌写作——我不愿意说成文本生产——的秘密。归根结底，互文性表达了这样一种理想：一首诗产生另外一首诗。这可能是她的诗最大的特点。还有两个值得注意之处是，也许为了和互文性相匹配，她对"超年龄"的世俗景观和人生经验的颇为老道的观察，以及容纳这种经验所获得的智力上的戏谑和喜悦；正是拜文学教育所赐，在这两个方面她似乎都是早熟的。否则她在看到路人的身体时不会有如此发现："我有时候想象它们在晚上的姿势 / 这让我看起来像个猥琐的中年"（《即景》）。但她也会突然意识到自己分量不够："因为中年和幽默在酒桌上 / 如胶似漆而你迟迟没有成为 / 那头被教养好的动物"（《金和薄荷》）。

但最终，还是她的互文性来得更为确实，甚至让人怀疑它存在于一个最为简单的比喻中："而海棠漂浮在水上有将死的善良"（《饥饿展演》），甚至"荠菜羹中细碎的饿殍"（《无题》）。从静米的《盲目》和《诗歌作为一种迷惑术》中，可以看出她对修辞的关心："修辞学一病不起"（《楼台会》），互文性也可以降低为一种最简单的修辞手段。索绪尔的语言学原理，语言是一个有差异的系统，看来也可以成为诗学原理。而古典想象和现代想象也可能只是一系列语言的差异性，并且在语言的内部得以展开，得以完成。在《怎样煮出碧绿的绿豆汤》我们能够看到，古典想象——"衰朽的先贤"是它的代言人——终于在面对一个生活问题时——怎样煮出碧绿的绿豆汤——终结了：

衰朽的先贤来到城下 / 看见喉舌、南风和死亡 / 王婆

向每一个古代英雄推销减肥药 / 路上多有饿殍 // 无人来
到先贤的车前 / 无人向他暗中传授稗草和黍稷的区别 / 而
社会青年插了满头野花过市 / 他们是落第者、质子、磨镜
客、喽啰 // 如同从大腿处剜肉 / 这一块是深意，另一块 /
是肥美的牌匾：经时济世 / 终于形神俱毁 / 剩一根硬骨
头 / （如此可称风骨？）// 衰朽的先贤年过半百 / 才得知生
活的精义 / 即"怎样煮出碧绿的绿豆汤"

抑或消失了，消失于一个"现代生活难题"之中。但要从古典
想象达到现代生活碧绿的绿豆汤，这是一个漫长的过程。当古典诗
歌的想象成为我们新诗人的背景，我们也许才有勇气说，仅仅运用
现代生活的材料，也可以写诗。当"互文之雪"融化殆尽，我们终于
看到了《岭南气候报告》这样的诗：

弯曲手臂。伞如同尖刺 / 一遍遍探询雨滴中仅存的良
心 / 弥漫则是另一种困境 // 正午，嬉戏你的帽子 / 沿日影
边缘，半是虚假的戾气 / 冻出冰霜 / 侧幕，月亮臃肿而凶

恶 / 猜测背面的白，浮起规则的阴影 // 头发持续膨胀海潮
的声音 / 瓦片战栗欲倒下。而你我皱缩如李 / 一桩陈旧的
谋杀，弓弦吊起 / 流下，仍是旧的音韵学 // 又挨得更近了
一点。肃杀的音乐 / 将毛衣裹得越紧 / 在织物的纹理中，
动物找到丛林 / 而人类不断抛弃新的火种 / 升腾起欢呼：
食物和酒

这首诗和蒋静米度过大学时期的珠海的地理环境直接相关，在
这个地方是看不到雪的，在她的家乡浙江嵊州还有可能。我怀疑她
的后记当中一直用心描述的"想象中的诗人"是她的父亲，同为诗
人的蒋立波。说到最后，诗意的重建离不开当代生活，很可能，这种
诗意的完成度越高，意味着它离古典想象的距离越近。《悬想》中
写道："二三子同吃薯条 / 也有高世之志"。至少，诗人们在语言的
内部工作，诗人个性的差异性在某种程度上也就是语言的差异性。
只要蒋静米写出《怎样煮出碧绿的绿豆汤》或《岭南气候报告》，就
可以看出她是一个诗人，而从我引用的近十首诗，又可以看出她是
一个有想法的诗人：这就让她比很多没有头脑的诗人更值得期待。

古典想象对她并未构成"影响的焦虑",这是一件好事,文学知识（文学遗产、文学大师）不应该引起我们的焦虑,而应该起到一种保护性的作用,无论对我们还是我们的当代生活都是如此。只要她继续写作就能深深感到,古代大师并非要摧毁我们而是在保护我们。他们在远方凝视我们。

王东东

2016 年 2 月

王东东,诗人,青年批评家,北京大学文学博士,河南师范大学华语诗歌研究中心执行主任。

序二 / 可敬的日常，或晦暗鱼鳞

　　按照常理，更多的人应该对这些诗中所呈现的硬朗和对反讽修辞的密集运用而感到惊讶，因为它的作者和文木木身之间的某种反差极不相称：这部题为"互文之雪"的诗集，居然出自一位二十岁出头的女诗人之手。这样的说法或许无意间对女性主义者们构成了侵犯，或者可能不小心踩到了政治不正确（politically incorrectness）的雷区，然而，但凡要拿性别或年龄说事，总会存在这样的风险。在这里将这种反差作为一个现象来描述，并提请大家注意，无非是为了重申柯勒律治的老调：睿智的头脑总是雌雄同体的。这句话为早期女性主义者伍尔夫所称赏，并在《一个自己的房间》中将它大加引申。譬如，她将弥尔顿和普鲁斯特视为这种雌雄同体的"睿智头脑"，前者的男性特质占主导，而后者则更偏向于流露出女性的特质。我提到这个说法，并不是说诗人蒋静米足以堪称这样的"睿智头脑"（因为一切还有待观察），而是说，作为一位生理意义上的天然的女性，她的诗中却时常萦绕着一个男性的声音：雄辩的、进攻的、讽刺的，而不是（通常意义上女性所表现出来的）抒情的。反过来说，倘若用那种看待所谓"女性诗歌"的套路式眼光来处理静米的文本，或许要遭遇一种无言的尴尬。

　　静米的诗少有脂粉气和生涩的学生腔，也没有这个年纪学诗的人不自觉会沾上的青春感伤色调。和绝大多数同代人相比，她更习惯于观察、审视、判断和批评，并常常关心一些宏大问题，而不是这个年纪普遍注目的生活情绪。能有这种极高的起点，要么源于家学（她的父亲正是一位以冷静观察生活并时刻以批评姿态参与世界的诗人），要么得自天赋和阅读，是对"循序渐进"这样一个自然法则的加速。当然，类似于《在食堂听雨》这样的诗，依然保存着某种服膺于天然性别的特质，也速冻着她如今的年纪；在《好像是情诗》里，校园生活则罕见地成为了诗的直接主题，即便"世界历史纲要"和"逻辑学"等容易惹人往更为严肃的话题思考的意象依然在悄悄侵犯着"补充钙质"及"六级单词"这样的普通人词汇——这才是对的，是语体上的"入乡随俗"，否则一个女孩在一首疑似是情诗的东西里依然不忘高屋建瓴地讨论历史，同时还要将周遭的温情而平凡的生活记忆揶揄一把，怕是难免于遭受"不够可爱"的指控。

话说回来，静米的大多数作品，并不具有《在食堂听雨》等几首诗那样单纯的质地。相比于描摹和再现细节，她更善于议论，要么体现为严肃的反讽，要么呈现为嬉皮与调侃。这种议论不是满腹牢骚，不局限于对日常琐屑的谈论，而是巧妙地将生活材料转化成谈资，引申入更为阔大的语境。她善于将周遭发生的一切关联到因阅读而来的灵感。换句话说，校园生活其实一直在给静米的写作输送养料，而能够更好地消化这种养料的胃，并不得益于无忧无虑的少女情怀（更多的时候，那只是败坏的开始），而得益于冷峻且不留情面的审视之霜。无论是其中具体可感的日常现实，还是她在此间所历经的阅读旅程，最后都因此凝结成了她观察世界所仰赖的基本角度，一层披覆在庸俗日常之上的"互文之雪"。

但并非每个人都选择了从校园生活中领受这一路的滋养，尤其是在这一代的年轻女孩当中。和大多数前辈诗人不同的是，由于高等教育的普及，20世纪90年代出生的这批青年诗人普遍有着光鲜的教育履历，他们所在的大学或多或少也给予着他们的创作以直接的滋养——尤其是，不少高校本身就有很好的诗歌创作与批评传统。

静米所在的暨南大学，在三十多年的当代诗小传统中，也可谓一方重镇：20 世纪 60 年代出生的诗人中，最有代表性的当属诗人、翻译家黄灿然；70 年代出生诗人中早逝的吾同树，同样出身暨大；更不必说 90 年代名噪一时的汪国真（当然，严肃的诗人一般不将他纳入讨论范围）。黄灿然在暨大时期，加盟了高他一届的沈宏非创办的红土诗社，编辑出版过《红土诗抄》，也一度被认为是 80 年代的大学生诗潮中的典型。这个诗社是否有延续，它是否形成了对所在大学的学子们持续至今的直接影响力，也许有待考察。但进行纵向比较的话，静米的写作，和上述几位诗人之间似乎并不构成任何精神上的关联，她更像是寄居在这所大学中进行个体写作的作者，学校带给她的滋养微妙而又间接。

这是谈论静米诗歌的棘手之处：一般意义上的手段失效了，给她一个显著的坐标系似乎并没有什么意义，无论这个坐标系是某个高校的诗歌传统，还是类似于"90 后诗人"这样的标签。蒋静米很可能是一个异类，任何构成她精神布景的东西，她大多数时候并没有选择温情以对，而代之以朝向更大范围内的历史和现实的无情调侃、嘲讽和批判——这是她高出同侪的地方。若进行横向比较的话，那么据我对她们的了解，这一代崭露头角的女诗人当中，有的还在延续着少女时代的青春抒情，有的依然在诗中扮演着不良少女和"北京娃娃"式的角色，有的则选择了类似于普拉斯那样的自白派路数，而更为"成熟"的一些已开始试图扮演沙龙女主人或"名媛"的角色：她们要么沉浸于云淡风轻、人畜无害中不能自拔，要么嘴上不离性、摇滚与其他刺激，要么无法根除天忤中带有的歇斯底里，要么又过于世故精明却只能浮于思想的表面。蒋静米似乎无暇顾及这些，她想在诗里表达和承载的东西太多了，大到清算历史，小到戏谑（中文系）教材，在题材上没有什么"洁癖"和忌讳，靠灵机一动和见机行事（与写论文不同），她的问题意识驱赶着表达，而无暇考虑其中所讨论之问题的更为复杂的情形。

有必要重点提及的，或许是一批涉及（通常意义上所谓的）古典语境之作品，以及"问诊"系列。这两类作品的驱动力主要来源于"古事新诠"（张松建在讨论吴兴华的一批具有"化古"倾向的诗时，基于吴的《演古事四篇》之表述，提出过这样一个说法）与"新事古述"。在这些篇什里，现代女青年蒋静米进行了思想的问诊。"古事新诠"号的是历史的脉，旨在用现代性的反讽和后现代的解构和游戏精神，掺入对古事的叙述和阐释之中；"新事古述"则为周遭发生的一切呼吁着历史维度和既往视角的进入，试图让历史之魂回归到当下来号现实的脉。整体来看，一切都因这两种路径的交叉和歧出而呈现出奇异之色调。类似于《普通的怀古》中用希腊神话中盗火的普罗米修斯来改写《世说新语》中阮裕火焚马车的故事，"问诊"系列中诸多的篇什，以及不在此系列中的其他一些类似篇目，在这方面的色彩只会更强。如《西游》之写唐僧与女儿国主纠葛，《楼台会》写梁祝故事，《剔目》写唐传奇李娃传，《琴心》写西厢记传奇，采取的皆是现代人的眼光，而意图并不在还原本来的故事语境，反而是将之赋予新的解读视角；其余如《刺目》写谷崎润一郎《春琴抄》（或据此改编的越剧《春琴传》），更是将现代意识、异域色彩和东方风情融为一炉，但画风并不温馨优雅，反而代之以冷峻的旁观；《打牌》《摸象》《试步》和《拦路》则说明了作者的凭借之处，每每需要对日常场景进行更为深入的处理时，都需要仰赖阅读经验的闯入。

从这种"闯入"中，我们也大体能窥见静米的知识结构和精神背景。身为一名中文系的学生，对熟悉的材料引经据典，只能算是尽了本分，还要担着外来物种对直接经验构成压迫的危险。但这也是一个优势，它使得静米成为了一名非同一般的女诗人，不那么抒情，不那么关注私人领域的小情调（如大多数的同代女诗人那样），而是用阅读将自己武装成一个"雌雄同体"的人。思想的力量带来了硬朗、刚健和对大题材的处理能力，这是静米明显的优势。不过，这种对外援的争取不能超过一个度，而就如今看来，她似乎对这种外援之于自己的迅速提升太过迷恋和钟情了，以至于阅读常常会被滥用来图解现实。在这个意义上来说，用一个引喻失义的说法，"她天性中的钟情急需被矫正"（《访鹤：三美图》）——我们似乎可以用她自己这句超出本意的诗来作为针对她的写作的良愿。

静米是一个整体感很强的诗人，并且处处显出自己的主见。两个说法都是褒词，但也可以隐含着另外的意思，比如：她在诗细节上的处理值得商榷，表达的迫切使得她往往无暇照顾某些应该精细的部分；有主见的另一面，则是固执己见和不时流露出的草率。前一个问题在于"质胜文"，诗毕竟不同于散文，需要更为照顾内在的节律，加以留意经营气息上的连贯性，而静米在节奏、断句和分行等方面，尚有可议之处。后一个问题解决起来或不那么迫切，因为静米已经知道，即使始终面对着历史投影所带来的黑暗，我们依然会拥有并得益于"可敬的日常"（《夜晚他们潜向深处》）。在潜入诗和词语的深水区之时，对日常的领悟和忍耐，或许比基于间接经验的论断与鸟瞰，要更为扎实可感，行之久远。这大概就是值得我们凭借而得以潜行于精神深海的"晦暗的鱼鳞"（《问诊：磨镜》）。对她的更高的期待，并不是从水面抛去的诱饵和鱼钩，而是水流更深处的瑰丽世界。

她已然具备的丰富性和尚待开掘的可能性太令人期待了。

茱萸

2016 年 3 月 20 日

茱萸，诗人，青年批评家，同济大学哲学博士，同济大学诗学研究中心研究员，日本东京大学访问学者。

目录

序诗

皮制座椅与皮制人类

对坐

一杯一杯又一杯

青山生角

道长把麈尾换为手机又换回麈尾

仍不厌烦

吃杜鹃花

并没吃到泣血的古代皇帝

甜蜜蜜的肉身同时又速朽

它们不交换眼睛

这里自有一种注视

联系显形

重力找到了足以负担自身的喻体

风持续十三天

于倒置的青铜镜中找到互文之雪

这是开始

问诊：摸象

我们摸绳索，手也收拢在黑暗里

摸到黏腻的舌头，它们有苦味

曾吞吃杏仁，或者海潮

寄居有新建的故居、溢死的外地人

以及夜娇娇花的流亡政府

此时任何液体或毛发都将增添禁令的气焰

广告墙上的腋窝是雪白的

仿佛没有人在认真地发育

但摸索是认真的。这些手指像香客的手指

连发抖也发自内心

正像盲人摸象，忽然摸到了一个称象的曹冲

他死后人们常肢解大象

盲人在余生中不断玩拼图游戏

这块是象鼻，这块是马骨

盲人身上散发裹尸布的气味

斯文人掉转面孔：敬鬼神而远之

而游戏总会继续的

继续。继续分发这些雪白的腋窝

这些无端的寻隐者不遇，既是在场的死

又是缺席的死。既是雄辩的死

又是沉默的死

云毕竟太深了啊。他们关上了那扇坍圮的门

问诊：打牌

他们在高楼。面对大路

游鱼过来，鹳鸟缓慢地崩塌

鸡鸭鹅已剖出肚肠

无人知道它们脖子里为何有铅弹

更不必说性器上的碱

你猜测生活对它们也铁青如对你

修炼多年才长出狭长的喙

啄食虚浮的脸皮直到露出厌世者

仅剩的那点肉星

"好风似水，良苗如新啊"

难道还能找出更好的警句

他们集体扶墙而并未找到主义的新方向

以头抢地。以肝脑涂地

而土地并不区分器官的细节

天是不可共戴的，牌桌上捏着一副炸弹

他们摇晃瓦片找到前朝的燕子屎

喉咙发苦，发觉多年都以干枯的血

在胸口喂养了大量苔藓

此刻的尿意是南方的。你打了"对九"

问诊：磨镜

举目是暮色

哪里都是打翻了盏的人

人世的茫茫灯盏。茫茫，也是杯盏

罢黜向鳄鱼丛生之地

大风来时我们卸下晦暗的鱼鳞

将庖丁的刀——缴获

那个拒绝洒扫的士林领袖

曾为他设榻

就此立传：贫寒如病虎

在湖边磨镜

镜中他或许手持凶器

镜中他同时歌颂家园和荒草

在大路旁拉昏君的袖子

抒情发作起来如呕吐

里面并没有沉郁的左拾遗

只有一个小老头抱葫芦敞开乌青的肚皮

幸而他已预设了数种悲惨结局：

高楼仍在阻止他飞去

已无横梁的居民楼

至今无法升起一颗零丁的头

植物观赏学

去年飞来时他还是一只燕子

后来变成了一把古琴

他原本以为此物即是此物

并不想山中有峰回路转

也好

他是看过兴衰的

那时河道里到处生长油黑的头发

发间有苍耳和小粒桂花

任何的风、雨、朝代的更换

都能使他惊醒

一个手持利斧的人忽然跪下

说这里有流水和巍巍青山

而你对此一无所知

冬天我在所有出太阳的日子散步

像一个早衰的人

捏着一张过期身份证

等待着被春天投入监牢

可你对此一无所知

我同时看两部戏剧

混淆彼此的人物、剧情和气味

直到活着的死去

死去的死第二次

我还是没能背下唐诗三百首

也写不好现代诗

我只有贫乏的形容词和比喻

词语的贫困是真正的贫困

我求你

去《辞海》和《辞源》中取要喝的水

我还是没事就闷头睡觉

像魏晋时代前不具备文学自觉的人

忽然生

忽然死

忽然化而为鹏

并不会提起你

一只蟾蜍

极少在一生中想到深山桂子

饥饿展演

更为可怕的还没有到来

他们蒙上眼睛如同天生盲目

他们把双手交出去要一个家长

而海棠漂浮在水上有将死的善良

风一旦离散永不愈合

也曾吹落我们如惊弓的鸟

制造谋杀是由于细雪融化

头痛折磨告密者到半夜

为了许诺中甜蜜的血和碎银

他倾倒自己的杯子

直到看着喜鹊和盐巴在下水道口流失

"假如它们有喉咙它们会说：

去吧仍行走在世上的人

那酒是粮食所造"

粮食是谎言中不甚严重的一个

他们把自己砌进墙里

用坏掉的舌头吃荸荠

像鸦群躁动而一言不发

夜晚在白昼的封地上匍匐

预谋袭击那些菜贩子他们没有心却仍活着

盗猎

"他的性格中有种令人生厌的乖觉"

说时低下脖子

垂死如白鹅

灯影里，悬挂起弓箭和革命者

春风很慢

无家可归者都需逐一冻死

那些曾经得意的

也潦倒得理不干净满头蓬草

他假装见过香辛料和晚间集市

走私来的感伤意味

包藏着一颗粉红色的祸心

羞涩

一扇木质窗户拒绝任何花纹

自己以外的装饰

阴翳，没有在我们确知的地方

形成死者脸上的瘢痕

世界的墙以外没有另一个世界

我们相信塑料组成的脸盆

水泥组成的血肉

言辞和言辞之间的空缺

（我们的言辞漏洞百出

当我约你吃晚饭时尤其如此

"或许我们应该……

你说呢？"）

但是渴望穿过晚风

渴望风把我们打倒在地

让我们从此代替影子行走

一次被树荫遮蔽的短途散步

遮蔽的不只有粗疏的脸孔和曲线

我们虚弱的心声

虚弱的，微不可闻

没有用处，都扔进了亚热带植被的洞穴里

魏晋志怪小说的洞穴

刘晨和阮肇走失的洞穴

"没有出路的人

衰老的先贤

为什么还要用你的失败

教唆青年"

第一百万个现代化

现代化的接舆人到中年，戒色戒酒

在领导面前讲话口吃

有时高谈改革的必要性与凤凰养殖技术

仅在朋友面前

朋友们喝彩，然后就忘了

再去听下一场饭桌演讲

高头大马的孔子过去了

孔子大腹便便，有一个臃肿的头颅

智慧与衰败同时照亮他的额头

他将自己树立成榜样

统治者把他树立在学校

许诺以课题和职称

电视台极力邀请他作三百场演讲

巡回四十个省份

现代化的接舆喉咙里没有乐声

他唱歌跑调，在 KTV 总是很羞涩

接舆没有拦住孔子的德国产轿车

眼神却在走私暧昧的耳语

"那些衰老的先贤啊

都该拉去砌墙"

"这是伟大秦朝的律法啊"

"可现在是唐帝国的天下"

接舆为秃头和肠胃疾病所苦

到处求医问药　炼制金丹

同时撰文声称炼丹术是一种迷信

不利于社会主义精神文明建设

接舆曾想当个单身汉而不幸有了妻子

温暖的室内被六岁小儿子用塑料子弹攻击

而搁置了一本政治学著作

于郊外游荡回顾河面二十余次并未看见

允诺中的预示命运的水纹

"鸷鸟之不群兮，自前世而固然"

作为一种鸟类习性介绍被写进养殖手册

而并未知道有些鸟类无法被驯养

很难产生经济效益

杨朱记下它们的名字

而后又忘记

此时她浑然和鸟类同化而变得

不再为人所注目

接舆谋杀了庄周并从中取出

一截蝴蝶的骨头

摆在客厅

连同根雕、假古董、名人字画、烫金书本

（上面写着"文学巨臂"

"文学巨臀"

让人一眼望去肃然起敬

并尊重每一页上的灰尘）

这些坚硬的脆骨头啊

经受不起一次思想教育

它们天生只会莫须有地生长

作为泥不能涂墙

作为树木不能建筑

接舆为庄周编写漫长的史诗和

漫无边际的悼词

比《思旧赋》更含隐忧

比《三都赋》提供更多的纸张供应缺口

新自由派认为这是文学史的一大进步

接舆十六岁时创立自己的宗教与政党

因没有信徒和党员而免遭起诉

两年前党章与教典还怀揣在衣服内袋

婚后一齐投入洗衣机

报废于电力时代粗暴的揉搓

即使他从不忘记使用衣物护理袋

总会有那么一天

总会有那么一天

能用的韵脚都用完了

身体里再也流不出一滴时代的血

那一天你是不是还记得我

还愿意

给一个八九点钟的馒头

像喂养一条

老年的狗

我从那里走过时常怀侥幸

以为会有一声斥骂

一句无意义的话

而事实上

所有幼年时代戏弄过我的人们

都结了婚，为择校奔波

搞不清蔬菜的价格

按国家政策挑选肉类

已经不再为一个女孩

忧心忡忡

文论

不可放歌

按照古代文论，此时无声胜有声

此时，不可箕踞

不可裸体交际

不可和猪一起饮酒

不可砍侍女的头

不可大嚼盐水花生和毛豆

不可与青山对坐

不可对奶牛弹琴

据说听贝多芬有利产奶

而《广陵散》使它郁结于心

冲下无草的斜坡

在无水的河边解渴

这一杯奶到底不能强壮中国人

当初打铁的高大男人已化山崩塌

他奇伟然而困顿

仍有人在火星与火星中抡起锤柄

我经过时

常以为会有一声喟叹

结果是一声叫卖

烧烤

扇贝和生蚝不关乎大义

这里没有隐晦的东西

葱花、蒜蓉、地沟油

家世清白

语音到意义通达无阻

就像吃本身一样不需指点

我们常需要无师自通的东西

比如看云、闲聊、遛狗

尚不相信科技局大楼上的健美操广告

也不熟悉蔬菜和肉类的价格

风雨天爱见老友

如同从大腿处剜肉

这一块是深意，另一块

是肥美的牌匾：经时济世

终于形销神毁

剩一根硬骨头

如此可称风骨

而他们身怀技艺

他们唱一首《一无所有》要 20 块钱

他们总会富裕起来

够买砖瓦和水泥

也和我们在一个屋檐下吃烤串

发霉

雨夜的急变并未使你惶恐

甚至石榴花的突如其来

不过像一场旧时的冤假错案

整个六月漫长的哭诉

总归使人倦怠

把这个脑袋砍下吧

人群如是说

然后作鸟兽四散

雨打空城点不着一只廉价打火机

你始终干燥的嘴唇

并未在潮湿的笔尖

留下几句谶语

只是一味说黏腻的话

直到耳根长出苔藓：

这些枯瘦的脖颈

从不被任何一双柔软的手采摘

一个有经验的病人

知道如何躲避药物的耳目

我疾行在人行道中

也是因为知道这场阴谋无从避免

并不为准静止锋而过度忧伤

余地

譬如林冲夜奔杨志卖刀

一年到头总有几次穷途末路

"怕听二胡声

这声音里尽是衰颓的建筑

圣王君子都摆了地摊算命

郁郁乎文哉！这一手算的

命已追不上他"

老硬汉也要找个仿古的凉亭栖身

在身体上指认弹片

"四百八十四座模范寺庙

不要怀疑，要信

研究生以上才够格去做遁世者"

向下

我们经历过很多个下午

这一个和那一个

很难区别

可能只是茶叶放的多少

或者情与景的对应有所偏差

登楼不觉得凄凉

与世乖违拍遍栏杆被宿管阿姨大骂：

"破坏公物！"

此时人物失去了传统地位

要由天气和季节制造第三幕

许多据说含有隐忧的意象

比如草原、神马和烤串

跟生活在丘陵地区的我并无关系

能使用的词语又少了一些

幸好喝了这么久咸豆浆

多少还能打出一个比方

"就像一锅煮坏的琴

既令食客惆怅，又叫俞伯牙流下眼泪"

中医院

入夜你反复咳嗽

入夜你并不怀古而无法入睡

你不像那些跪拜者

一心要得无人得过的病

总以为如此

才可称有德之人

但总有些命运难逃

之所以把一些偶然的病毒

称作命运

无非是中文系学生的积习难改

桔梗　甘草　橘红　白莲子虽好

并不能报销

一穷二白之际你仍不忘叮嘱

护士小姐

可不要把芳草拿去给坏人

焚稿

她有时烧掉一座大厦

有时烧掉一把纸钞

或者一架战斗机

但不知餍足

仇视水和一切清凉的东西

要是一粒桂花掉进她的血管

她会奇异地发痒

在暴怒中拉扯毛囊

一些史前的跳蚤和布帛纷纷

从皮肤表面涌出

推翻了已有的植物谱系和

历史学，而火焰比想象中

更为柔软，无人知道这一点

因此从未有人触碰过她

她烧掉身上最后的衣服

要烤一烤僵硬的手

睡前故事

大灰狼是个心地善良的青年

他常给女孩讲故事：

一个外婆被吃掉的故事

在这个故事里他扮演反派

他请求女孩暂且做一个好人

暂且戴一顶红色的帽子

只是不可穿红皮鞋

避开已没有心的白蛇

去树林里摘蘑菇

女孩不耐烦地跳下凳子

人字拖一下子滑出去老远

她要骑机车去吃烤串

或许还会去海边

把脏兮兮的脚踝洗一洗

她的老外婆喜欢和网友斗地主

她脖子上的金属项圈又换了一个

盲目

它既然不是疾病

也就无法被治疗

它不是眼睛

无法被刺穿

并未看到斑马线和红绿灯

但在灾难来临一刻我于吵闹中

看到衔枝的喜鹊

你眼里的梅花不是我眼里的

也不是古人所说

据说具有某种高贵品格的花

它无法承受电击和暴怒

无法承受以正统命名的威严

它只能用"不"来描述

一旦有人说"是"

它就荡然无存

古典故事

总有鬼半夜行路

问她：是什么缘故哇

手扶着脸。丈夫在都城吃肉

公婆已饿死三月有余了

说的倒是普通话

（有些河南口音）

也不知道是哪朝首都

没背过唐诗

也不曾孤身坐地铁

"褂子和雪纺长裙很相宜"

"番茄也好吃"

她抱着琵琶有时为广场舞伴奏

她对生活感到厌倦但仍在更换口红的颜色

词穷

只能列出一些较为陈旧的事物

雨，路灯，辣鸭脖，开瓶器，打火机

矿泉水瓶，电视机屏幕

塑料拖鞋里的脚趾，中国结

年轻的人，年轻过的人

借此抒发较为陈旧的感情

爱啦恨啦

饿啊渴啊

有些伟大

有些不可告人。参考答案：

一个地方官员走出会场后

墙角的耳语

"这个从不看特吕弗的傻子"

写来写去也是陈旧的抒情诗

在大街上挨家挨户敲门

"不要让我踯躅在街头"

李秀芬给你开了门

你倒下，喊了一声：

"玛利亚！"

飞起

如有一物能使人们飞起

最大可能是电瓶车

老张、老葛和老李都是这样

把我甩得很远

去年还在同一屋檐下窃伞

"读书人的事能叫偷吗"

绍兴老乡言讲

在多雨地方行走

必须随身带伞

天际正向我们竖起无数枪管

动手已悔迟

以致成了丧家之犬

差一步，即是一个乐而不淫的孔子

差一步是许由买山

不可，是不可啊

深知溺亡的有害

如何又将精卫投进阴沟

突然

像一些感伤的悼词

紫茉莉收拢。突然又触及自身

他们谈论邮递员

和旱季的雨来得一样晚

且不合时宜

合于时世者又耽于时世

尚未谋得一张虎皮

仍驮着用旧的面容

半人半鬼走在大路上

"夜路走多了自然成了鬼"

他们都是老厨子：游刃有余

却也证明刀柄和权柄

并不握在这佯怒的神棍手上

而事情常不如聪明人所料

他也曾以为紫茉莉是种风雅之物

新胜利

"浮士德夜夜伏在酒馆里的卖酒柜台上"

他向卓文君询问

在中国南部手腕与怨情诗是否为互文的文本

杏花中吹笛的人是否引来魔鬼：

一个明朝船长，福建人

"独脚，戴金耳环"

他的英文名叫安东尼

而他的契兄弟则是安德烈

他们在水上大嚼紫菜

也爱好击剑和健康的嫉妒

到天明，未能戒掉酒杯和科举

士大夫光脚狂奔，鼻子下垂挂着浩荡的瀑布

不听信垂钓者说他久已不复梦见的君主

是个发霉的女巫

她拖着马蹄足踏入弑父者的必经路

现代派把她视作一个有意识的不规则体

而并非泣露的芙蓉

"略懂方术便知

偶像的残疾常有象征意味"

将她的步伐编入广场舞或可长寿

奥秘仅在于吃上一千年鲈鱼

原本不爱山的人也会成为僧侣

奥秘仅仅在于厌倦

小张在倒垃圾途中

做什么去呢？短命的驴和马

更短命的，人生非金石

一套比一套老套

无常事物的刀至今没把我们整个剖出来

从这个混沌肉团中

险恶。谨记教诲：

此外只有更险恶

要怎么去呢？光着脚

衣不蔽体

顶着圣贤的名头

追赶公交车吗

"行人靠右走是行不通的

那路的左边岂不是没人走了"

文明世界的规则竟这样愚蠢

如他更为强硬

自然也能让人承认

举着花求爱和举着驴或马的生殖器求爱

并无不同

白遇伯

问路人和指路人互相揭发

揭开左边的头发，是"这是个叛徒"

揭开另一边，则"这是个处士"

他一边分辨自己的手指和指向的作物

终于把自己的腰烤得弯曲

成为褐色车轮里唯一的惨白

可推出异同。除了让梨的孔融

竟无一人敢说出"如物寄瓶中"

连盗窃虚名的人也不裸身在大街

我们，虚弱的天使

又为何在此处表演饥饿

最终没有人找到吉利的道路

任何一条，竟都于信号灯上高悬

绿眼睛的灾星

它们吞吃雾中可疑的灰尘

和确切的肉

迷了路的人终于也共享

荠菜羹中细碎的饿殍

普通的怀古

他说起一个很久前的事情

有个人在剡县烧掉了自己的马车

说话时我们正在剡县

他说，"历史就是很多狗屁倒灶的事"

得原谅他小学文化

并不知道历史是门硬科学

对马车，他想象

"金子做的车，高头大马

马嚼子也是金的"

对这个纵火犯，他评价

"作秀高手"

事情的真相是

一个隐士正打算到大街上

给自己出殡

以朗诵腔念出新写的悼词

其中他把自己描述为不走运的革命者

被烹煮的鹤，或者是德性的跳蚤

然后他看到一辆马车

在大路中央熊熊燃烧

映红半边天空

火中有革命者，鹤，跳蚤

以及一个解放了的普罗米修斯

苹果树下他们吃梨

不合时宜的事。这群人不厌其烦

以为影子里还有未被辨认的黑

又或者，那个万物的命名者

在人群里掩饰行踪

他们抓到他

是一个修摩托车的老王

这人心肠很坏

经常抛下客人去马路边下象棋

但又给小学生的自行车打气

（只收一块钱）

有时则是大街上的神女

"她不是天才的姐妹、革命家的情妇、殉道者的母亲

她是天才、革命家和殉道者"

至今他们仍未从这些脸孔里

辨认出那张脸孔

玩笑是这样发生的，同时带有隐约的含义

一个不愿跳下屋顶的人

和一个纵身跳下屋顶的人

人们更拥戴后者

但在那个伟大目的前

我们，必须忍隐地

把额头也交给地上的土

去做那个据说贪生怕死之徒

459

面目通常以点描述或者以线？

看去个个阴沉，难道这种主义的鬼怪

骨骼有所不同

都是心狠手辣的卖家

从甘蔗上剥下它的甜味

从雪花里窃取战栗的银

青春的头皮上削掉的头发

声称原物归还

而他却见过冰消

那只粉红的大象要穿墙而过

"要穿墙而过必须得墙的三昧"

自此可穿万物而过

疾驰的功名撞上那棵风流杨柳

"近看才发现是木头"

碰壁的人发明面壁的人

面壁的人输出破壁的人

数据的瓢泼大雨里一个感染病毒的神仙：

"拔掉电源，或杀身成仁"

持伞的人没有发觉隐蔽的开关

更遑论砸开那小块防护玻璃

一只错误的闪电击中他

他仍以为是运气不佳

金和薄荷

取走细作的头。另一场随风潜入夜

饭后他们提起诉讼和爱情

而和解推迟，口吻慢于融化的盐

你仍在抱怨毛衣上的烤肉味

"令人不安。那些准星

每一支都刻有：一枪毙命"

但霜还是冻了起来

无可承受的倦意。进化推迟

毛呢裹过你的腿也越发肿胀

虚词在脚踝上扭伤

死生亦大矣！仍是旧的墓碑

仍是旧的琴弦

拖着旧的窗台裸露巨大、困苦的月球

巨大和困苦持续咬伤你的嘴唇

在那里，我是一个不再幸福的人

因为叩问不肯放下苦涩的武器

因为中年和幽默在酒桌上

如胶似漆而你迟迟没有成为

那头被教养好的动物

"我们会喝冬天的蛋花酒而一贫如洗"

这个屋顶下将只有我们、雪和

方始方终的宴席

炉灶里的火是上一桩偷窃案的遗物

"像你幼年偷走商店的铅笔和假宝石

那时也是冬天，有火"

明灭中看到无父的李聃在墙角方死方生

问诊：试步

救援电话如同虚设。至少雨已打掉了

不少顽抗的脖颈。它们曾经坚硬如铁

曾经。当我们论及我们什么都不论及

群居终日，算了吧

和水泥匠、搬砖工走同一条堤坝

那个命定的隐者没有唱丧歌

他经过我，却绝口不提凤凰的命运

河水曾是政论的隐语

夜濯足曾是性生活的隐语

虚设中语言学家迟迟不下定论

身携部首和习非成是的空穴来风

堤坝上一秒钟走过百万个忧伤的掮客

眉毛低垂，每吐露一个卦词

都在江面裂开相对的缝隙

"那些缝隙也在我背脊上"

这个嵊州老乡抛下的不知是机锋还是讥讽

在火上辗转数年仍青涩如禁果

他知道山居赋中所有的鱼类和鸟

但腹中的山丘和杉已不堪重负

最后在始宁种花木而发大财

如愿成了失魂落魄的胜利者

在街头大哭

比任何一个人更唾弃自己的眼泪

和对罪行无休止的自吹自擂

仍以饮酒博得声名。而事实是

他不知道那些侠妓也和他一样不喜生殖

暗夜在冷风中赶路

拂过无数酸枝

钉子

他不断敲弯自己，那时是秋天

走过一些卖灯芯草的人

阳台上空空的袖管拂过光头

他想起俄国小说和发烧的谋杀者

"有些人在爱的时候

也像在恨"

说完就流了眼泪，不知是病或是药

以养自己的衰老

是时候认真对待生活了

铜雕像这样想的时候已举不起双臂

被风吹乱的头发也被永恒吹乱

任何的风

亲密如同谋

我们穿过走廊仍看到他握着锤子

宝贝儿

没人能既是锤子又是钉子

除了谣言能高悬自己

至于进房门前最后听到的尖叫

我们深知背后的含义

因此闭口不谈

危楼纪略

很多东西因附会而迷人

或许是缠绕而来的飞龙赶上鞭炮齐鸣

怀疑所在的并非人间

而人间的人正感到一阵脚步的虚浮

由于惯乘地铁

并未预料到异象已经降临

夜色胁迫鬼魂又走上大街

莺莺和丽丽厌倦了把脸涂得大红

转而画悲啼的眉毛

真相在车厢顶部逡巡而过

人们，迟到的仆从

仍在躲避那只恶意的手抚摸大腿

或遗失了先知的短信：见所见而来

这里没有。他们的朋友。

他们的船与马

他们举着火把搜寻即将落下的露水

在白日之前，在爱与惶惑

没有布下罗网之前

大悲。"这些行走地上的垃圾

仙后座竟也在它们头顶闪耀"

"你是所有的盐与蜜

所有夜晚抽的最后一根烟"

忧郁的亵语

丝质包裹下身体对此一无所觉

现代性的耳朵由于厌恶陈旧

就此打住

一个阳光很好的下午

一个阳光很好的下午

阳光把树叶的影子

涂抹在我的汉字课本上

照亮了一些沉默的真理

世界不需要一个舌头或一副牙齿

它用空气，风，树木和房屋

构成语言的血肉

西游

驸马

月圆花好

为什么不及时行乐呢

公主

我已经身许佛门

驸马

为什么不去建设国家

唐帝国的疆域啊

富裕辽阔

公主

我已经身许佛门

驸马

你在装什么

你不喜欢细的丝绸

细的皮肤

玉搔头上香的发屑

女菩萨

只有从这里过去

才能成佛呀

驸马

我要教你知道

胡人的眼睛多漂亮啊

我要都放在你口袋里

然后你的口袋会传出笛声

公主

我已经身许佛门

驸马

灵山就在我身上啊

你看一看

就看见了

公主

我的鞋破了

帽破了

袈裟破了

我见过母猪和白骨

没有在世上见过好女子

和尚

你去梁山吧

宋江和武松睡一张床

金圣叹说世情如此

散步

大坝上都是一些无聊的人

至少开工厂的　传销的　传教的

公务员　银行职员

都不来

只有狗　养狗的人

拉二胡的人　唱戏的人

跳广场舞的人

然后是我们

我们是一些什么也不是的人

一不小心就会走丢

电线杆上的寻人启事

每一则都像在找我们

楼台会
（越剧片段·梁祝）

十八里太短

情话还没说完

说出口的

都言不及义

"当代大学生的困境只有两种：

贫穷

性苦闷"

十八里其实不短

十八里是九千米

九千米足够相爱、结婚、堕胎、分手

但在这里

真的太短了

比如梁山伯并不明白他的喻体为什么是一只鹅

而性别在此处含糊其辞

有些身体尚未被指证

但婚约已经许下

修辞学一病不起

总算明白了

草桥结拜同窗三载十八相送

病中焦心的行旅

"只是特来叨扰你一杯酒啊"

走廊已经到尽头

要说再见了

你是你

蝴蝶是蝴蝶

剔目

(越剧片段·李娃传)

问每一根银簪

扎进一颗眼球的触感

"那时节

李花作酒

银子里有肉香"

这个金身从此后

化了肉身

白走了千山万山

到底求取了功名

比如每一根碧玉簪

都知道离间者正在合拢门扇

你说阴谋是在暗处发生的

你说的话总是

正确得令人怀疑

而新婚的丈夫没有怀疑

他是个天真青年

所以他偏狭，容易嫉妒

琴心
(越剧片段·西厢记)

小姐在听琴

心肝里枝蔓横生

少了任意一枝

就活不了

卓文君与假酒贩子共谋

"掺一两吧

或有肉滋味"

刺目
（越剧片段·春琴传）

梅花下的雪都是瞎眼的

你也是瞎眼的

事物本来面目无非如此

也是白茫茫无痕迹

摘掉枯枝、形状和颜色

剩一把春天的琴

在疼痛的手背和暗中取乐之间

响着

古典戏曲从未提供这种疼痛

它因欢愉而遭摒弃

只有身体如实保留了

一些甜蜜的银

雪溢出

而在李亚仙那里痛仍是痛

要在血肉中找更柔软的铁已不可能

"为了你一双俊目"

调笑的话一出口就带有悲剧性

他沿门求乞时没有预料到

这些偶然性的灰尘

最终坐实了老实人的罪名

一个大团圆结局

常由流自己的血来达成

欢呼因此更高

不料：过目不忘竟是句实语

访鹤

(越剧片段·三美图)

冠盖下虚假的凤

说来说去是李清照的话

"如传城中缓急，奈何?"

古凉亭外空虚的白

王小春小学文化

没有更多汉字可供她无中生有

而胡天麒是相如辞赋李杜诗

于是仍捧起袖子

在假想的草木中寻找定语

已没有余地来借花取譬

常以为危机是骑马来的

其实它乘闪电，也乘金色的风

"她天性中的钟情

急需被矫正"

物联网时代的圣旨

快马四蹄飞奔溅起雨夜的麻

暗中人们作乐间或悲啼

去捉那些伶仃的脚踝

谄媚的嘴走漏风声：

"没有鳕鱼了，这个岛完蛋了"

原来李清照已是别家人

后花园里的鹤低低垂下脖颈

"不如在此拜天地"

而"奈何"仍是个难题

鹤的器官一夜间得了低烧

在针尖海洋上妄图战胜通天的戒尺

现代隐逸传

预言的绳索自有坚韧的逻辑

"绕柱三圈可觅得一句杜拾遗的诗"

果然，一个沉郁的左拾遗

有时竟也并不沉郁

"鹅儿黄似酒，对酒

爱新鹅"

人们以他为十姨

认定他唯一不可拥有的法宝是孤独

无夫的凡间之女

温州人大骂："马颊"

桃红李白在此地的意义俱为生殖

披挂彩纸的旧新人

终于下嫁隐逸的胡须汉

甘霖也降下

可见姻缘果真天定

信徒与戏迷这才散去

光棍便可理直气壮敲寡妇的门

"吴妈，我想和你困觉"

大风天在保婴路

"出售门"

一扇木门立在巷子里

（谁贴上的 A4 打印纸

它所属的房子毁于寂静时代的耳目

又或古典意味的兄弟阋墙？）

比邻粉红招牌："性保健"

求医问药的斯文人没搞明白

他血淋淋握在手中的

究竟是性还是保健

月亮很黑

一道闪电并未使减肥者羽化

门内曾密谋的暴动

平息于全场三折一件不留的细枝末节

（不惜血本

他们要流谁的血

志士也来捏我的手背：

何不蘸个馒头）

夜娇娇花在锁眼里闭上喊冤的嘴

鹏鸟收受了流油的面包和平演变为鸽子

我们绕树三匝后发现家仍在那里：

长春路城西三苑 9 幢 9 单元 301 室

度日

我们刚看了部恐怖片

女主角死于正义伙伴的枪口

雪养活箭支。粮食

一夜间败坏

砻糠搓就的绳索

仍在不断啄食无辜的血

（名为自我的虚空

高悬着一颗愚鲁而迅速的杏仁体）

红色的枣弄脏绿色的枣

因果论的遮蔽。茶叶浮起之前

我们躲避往年的季风

在雨中说到五百年后的重逢

一个是圣僧

一个披枷，正穿过大风

我们互相摸摸胳膊

扯扯头发

一种简短致辞

裙子褶线背面藏了多年的

暗：

暗中运行的肉与花

在无水的航区找到沉水之石

你的齿隙走漏了海潮声

怎样煮出碧绿的绿豆汤

衰朽的先贤来到城下

看见喉舌、南风和死亡

王婆向每一个古代英雄推销减肥药

路上多有饿殍

无人来到先贤的车前

无人向他暗中传授稗草和黍稷的区别

而社会青年插了满头野花过市

他们是落第者、质子、磨镜客、喽啰

如同从大腿处剜肉

这一块是深意，另一块

是肥美的牌匾：经时济世

终于形神俱毁

剩一根硬骨头

（如此可称风骨?）

衰朽的先贤年过半百

才得知生活的精义

即"怎样煮出碧绿的绿豆汤"

游记一则

那天我们在公园

看到墓碑和狗

看到新的草和旧的草

看到断脊的白鹿

捆在尼龙布里

据说一个红星幼儿园的小朋友试图

骑上它

而此后并没有进入仙山洞穴

也无异象天垂

极可能是批评教育、索要赔款

红色标语，（专业刷小广告的曲沃人老王

确曾有过自己的艺术追求

他将"热爱"与"一致"分开

又把领袖藏身于男科医院

此刻他使用拟人化的太阳和云）

在田字格中俯就

递上游记或检讨

他将长成这样一种人：

作为一只要拆天灭地的猴子

最终跪在观音面前

竟无一人惊觉

苦涩的膝盖作为伏笔

他只是在越来越黑的路上走

全无怒容

一如丢失了心爱的那颗玻璃球

诗歌作为一种迷惑术

鱼的眼珠翻白

（鳜鱼或鲈鱼

以体现地域性）

你吃它

它未能理解你的牙齿

电线杆作为主义之一种

温吞的殖民者然而

极少动摇

鸟雀驱赶它

有时鸟雀爱抚它

将指爪弹响三次

有金石声

苍蝇在破损的小广告上

找它爱的词

"红肿"

又或"肉芽"

而高明的器械不发一言

只制造

不可阐释

一只晚清（或系伪造）的木鱼

惊醒

一个曾是猎户的和尚

至今人们仍以他慈悲为怀

宽宥他曾杀死一个母亲

诗学研究

酒从来没有生产诗歌

生产它的是糯米、小麦、鉴湖水

和一些纸面的时间

和一些手指、细菌、工号、生产线

正像我经过大学图书馆

总分不清知识

和

纸张霉坏的气味

即景

我曾经在路上

看到过一些美好的腰

美好的腿

美好的头发

它们都离我很远

我叫它们

谁也不回应我

幸好它们都敞开在白天

变得不像一个个秘密

我有时候想象它们在晚上的姿势

这让我看起来像个猥琐的中年

老张是社会学界的明日之星

老张正在研究上海残疾人的教育融合

据她说教育融合既非教育也非融合

她被一个瞎子骚扰又困惑于

一个中年钢琴老师的无理要求

健全的人还没被教育好

瘸腿的人

急于引领时代的新方向

不知道老张是在哪里修成的

半人半仙

刘晨阮肇伯夷叔齐王质出山一看

还是人间好啊

有电，有 wifi

只是不知有汉

更不知道国家机器的可爱

所有古代寓言都具有现代性

反之，当我们说月亮

说的无非是李白或者李商隐的月亮

根据《笠翁对韵》我们确信李白有一个姐妹叫陶红

我们自己的

已经失落在童年时代的水坑里

并为它的意义匮乏而过度忧伤

连同中心小学

和非中心的教师

"同学们跟我念

春天来啦春天来啦"

而倒伏的并没有复生

被害妄想

如你所说悲伤除自身外并无归宿

夜行的大巴，枝杈

抹掉面孔上怀疑的褶皱

说起沿海的经济建设

仍用通缉犯的口吻

无人时低声

穿过市场则大呼

构图中的海潮埋没具异禀之人

死前仍在收缩膀胱

（翅膀　膀胱　有时是同一种器官）

"这个人对科学主义毫不了解

她只在假想的暴行中度过生活"

当街大骂有愤世气概

而严肃的喜剧该令人厌烦

星星只是星星

从来也不是蒙尘的暗器

一个失眠者和网瘾青年的早晨

蚊子和血都很新鲜

米饭还没有蒸熟

豆子长在地里

这一切都不长久了

被风吹着的一切都没法长久

"刚开头就煞了尾"

一个绍兴老乡是这么说的

不如饮美酒？

"喝酒是救不了中国人的"

绍兴老乡又说

至于他后来拯救了谁呢

我们一时也不说话了

别妹

祝英台忽然走神

这个走神影响了结局

但在胡桥镇的戏台

不容偏差

女扮男装的祝英台与梁山伯

祝英台与梁山伯

竺春花与邢月红

由虚到实

然后

由实到虚

这个过程需要反复入戏与出戏

要出仕而归隐

要利欲熏心而后剖出

要左手画圆而右手画方

要捏造一个自我而后打碎

回乡

1

这个坑还在

这次没有绊倒我

一只修炼成精的老蝗虫：

咬过的那些坚硬的小腿肚

都松了

常年贴着膏药

负担不起一块花岗石料

这棵笋长成竹子

在炉灶里燃烧

汗青：一个典故正在我的炉灶里烧

那块地还没把我们喂养大

就被花木贩子买走了

如今外公外婆在绿化带

种玉米和南瓜

粥煮好了

而雨脚如麻

正在打湿最后一枝白茶花

2

最后一个叶赛宁搬走之后

除了《和谐乡村》编委会

不再有人给这个村子写抒情诗

也没有人看到肮脏的河、肮脏的无花果树

肮脏的孩子的脸

无人从中看出继承者的模样

最干净的光

因此这一个细柳条编的花圈

没有加在他头上

他也就长成了一个老流氓

只身持刀过闹市

而有人呼喝

他就会缩起脖子

3

夜深了

全村的狗都在跟着我叫

你捏住我的手，神色紧张

"不要相信传教老太太

他们在废弃的电影院推销

保健品、假首饰和全能神"

钟与失重

广州在大城里一动不动

灯光引发了轻微脊背的痛

在雾气中咳嗽

昏黄的太阳隐去昏黄的日子

阴翳和飞鸟同时在他脸上

甜蜜的勾结

耳语：哪有什么甜蜜

他们都手持皮鞭而来

手掌里不耐烦地隐藏着刺

他浑然不觉

浑圆如鸟类的喙，红色边缘

尘土中人们跋涉去便利店吃饭团

路过他既像石头又像动物

无人会躲避即将发生的雨

预言：水泥塞进喉咙前

舌头仍在舔汤底的腥甜

阴谋在盐罐中有酸涩的气味

来自招安前戴的杏花

一个潮汕人最终把它取走

他说他从未听过女吊

仅对死亡略有耳闻：

"那根绳索也会向你套来"

遇刺

"这个头颅

总会有人来取的"

砍了几个巫祝的头

也未曾知道水面的波纹

预示何种道路

但风暴是正要临盆

没有观星术哪里敢做昏君

"只是为了看一眼扬州的琼花啊"

死了许多丈夫，又耗去

许多布匹和粮食

而琼花是没有错的

我确曾反复梦见一种白色佚名的花

它或许长出美艳的颅骨

在多汁的唇齿间辗转

或许是青衣道人手持麈尾：

"算一卦吧！一次十块"

只是我并不能修一条运河

往返于不同纬度的南方

迟到

迟到的人狠命拽紧绳索

不让大幕落下

而小姐已赠完银两

红晕已同晚霞消散

并无孤鸿

孤鸿是种假定的鸟

非歧途的眼泪喂养不出来

假定的花园空落着

陈端生和她那些饥饿的云

荒年人们以芳草为食

吃掉本心

本心在嘴里只是一些酸苦的渣滓

落第者已送完书信

败阵的叛将掷下自己的眼珠

"拿去吧

我要看看京都"

假定的花园里只有美而并无真实

鲤鱼精驱赶卖炭翁

有虚假的凤来仪

粉墙中的莺莺和燕燕

我的灾星，也是我茫茫人世的灯盏

而真实仍以它的细小刺伤我们

她胸口解下的白色布条

纸树后小儿子喧闹的睡意

油脂中

鬓角化去

他说着说着就哭了起来

整个身体蒙上晦涩的蛇皮：

我们都是些迟到的人

夜晚他们潜向深处

夜晚他们只会潜向深处

越老的叶子越迷恋你一事无成的美丽

触须连结虚无论的藤蔓正愈演愈烈

先知不是先知

只是由于活过了时间的死期。肩膀高于头即是死期

这也是令人发笑的断语

毕竟他打倒了那个正要擦亮拳头的人

谎话也把他的喉咙弄脏

剥落向永恒外部

至今仍在无介质中唱歌：

"夜晚他们只会潜向深处

越老的叶子越迷恋你一事无成的美丽

触须连结虚无论的藤蔓正愈演愈烈

行进的风的阵列

他们每哭喊一次就长出背鳍

城市的污水来自胃部进入面颊

穿过式与数的藻群

四肢粘连口角。哦，可敬的日常

天亮时分，喉咙终于处以曙光

消融不见

聪明人称与道为一

道在此处：黏液、增生的泡沫与血"

李秀芬的丈夫抱怨今天的鱼太过苦涩

嚼起来有种八十年代的乡愁

仍有听而不闻的歌

发出它的肌肉颤抖于昨日世界的寂静

李秀芬并未察觉

儿子的眼珠僵硬了一下

心猿

梯子上的人向我打听

他总要去更高的地方

据说有黄金、酒杯和一切理想之物

正如我数次想抽身

而刀已把姓名递交给刃：

"那孩子死前仍哭哭啼啼

如同忧伤的手掌中跌落的念珠

令人厌烦"

骑桶的人远远飞过

他曾嘲笑我们金盆洗手的次数

如今也受困于航空管制

意马

他们在这里或更好

毕竟他们无法安置自己

有时把头丢在这里

把脸丢在那里

好不容易凑齐了四肢

又缺少可供连结的关节

他们不停叫骂

路人绕行一周才发现嘴巴在膝盖骨后

路人于是不再疑惑

他们决不停止叫骂

只要写小说的马三仍在写

只要马三仍在牙痛

穿凿自己的头脑以附会

暗中相见的神仙

即使他明知

那已是一具骷髅

仙客来

到处都有那些探子

他们手握金戒指，却惴惴不安

追问：

怎样除下秘密的袜子？

（一个纯属虚构的故事：

在最后一只鲤鱼化鸟而去后

只有在小姐的袜底仍能找到牡丹芽的残片）

而艳阳高照并不到时代的偏僻处

我们在老杨面馆前避雨

避开绿色的莉莉

白色的倩倩

红色的丽丽　蓝色的美美

走前听到捡垃圾的老王仍在自语：

"那些年轻人啊

难道不知道脚也是一种性器官"

像一种疾病躲避医疗器械

待买个红船

而裤兜里没有分文了

一个尚未掌握造船技术的伍子胥

过早信了丧家犬的邪

命和她一样，都是恶狠狠的

喟而叹：

"你是仙乡客，我是人间枯骨"

如此便去了

二七俱乐部

老张二十八时仍在想去年的事

"为了跟天才更为接近，我曾想过二十七岁去死"

老张有时生活在过去

有时生活在未来

但就是不在当下

他被三流的抒情困扰

把臭水沟看作夜莺

把光头看成月亮

把粗俗的青年看作带露水的鲜花

因此卖梨的人对他用短了斤两的秤

他称之为"宇宙的短处"

楼下的洗浴中心和收家电的老刘太吵

他往窗外投下一本鲁迅

让他们自己去吵

老张以为他二十七岁就死了

他不事生产，不食五谷

半夜掀开自己的皮肉查看腐烂程度

而新鲜的血总令他困惑

问诊：拦路

掐断引路人的道路

也夺下掌灯人的灯火

"他们为父亲生父亲

为儿子生儿子"

床榻上盲眼的异国又何至于高呼

抄小道拦下夜来的奸细

喝令交出迷醉的止痛片

或魂魄重游故地

以为去年的法国梧桐

仍跌落同样的月亮

那些找到出路的死胡同

都盘曲如旧梦

在仇恨前忽然解下战袍

递上刀

走过那家山西刀削面
仍听到相似的詈骂：
"作为树木不能建筑
作为泥不能涂墙"
而对那个制卤秘方
他们至今闭口不谈

违禁药品

"我正在失去身体里的盐"

一个人这样说着

大口吞食盐粒

最后他死了

一如活着的时候那样贫乏

可是他还能做什么

推销洗衣机还是零售门票？

而他的仓库库存不多了

只有疾病、失败和新鲜的伤口

只有卖不出去的滞销货

比如小女孩手里的火柴

它仅能提供类似爱和幻想的东西

（有人从中看到火焰和粮食

从此他信了主，却憎恨生活）

像一种违禁药品

在某个强权而感伤的冬夜

为一些瘾君子提供安慰，或者死亡

学前教育

她出身于一个老实少话的工人家庭

我在她家吃过晚饭

厨房的烟浸透整面墙壁比黑铁更黑

从厕所的窗户看到

整个县城年久失修的风景

只有水没有生锈

彻夜敲打白色瓷砖直到

在你爸爸脸上敲出相似的裂痕

狗朝每一只脚踝怒吼

（我向它学习眼神

以证明我仍是个古典犬儒主义者）

仿佛宇宙中没有一根骨头能止住它的愤怒

她在大学修学前教育

她学书法、钢琴和哄孩子

每周读一本儿童文学

她自称是个作揖主义者

从不缺席每一次冬天的晨跑

却心怀不满

偷偷摸摸的异己分子

正为校党支部撰写报刊

她说作为光荣的人民教师

要好好培养下一代的栋梁

我说把他们教成讨厌的人

像我一样

谁跟我说话

我都用最凶狠的眼神

看他

谁跟我说道德

我都跟他讲道德经

她说那我就下岗啦

我说那才好呢

末班车

1

夜色走得非常快

留下一些片段

流窜的民工和小摊

没有来得及发出一个哽咽

就被人群冲毁

事故现场，鬼影幢幢

有一种声音在代替我们说话

暂时占据我们的手臂

抹平怀疑的褶皱，最终只剩下

叫卖、欢呼和残疾人士的弹唱

2

我们在七月份的一列火车上谈起离别

一次性杯子里盛满绍兴黄酒

你说乌毡帽使你想到远行

茴香豆则关于返乡

鲁迅不住在故居

那里闪光灯太亮，人群太吵

傍晚的河水沉静

陈列在车窗

你说醉了

黄酒里有你家乡的溪水

后来我们都闭上眼睛

听见人们打牌　小孩尿尿

列车员推销水果

中年

法师以前打败过邪恶的魔王

如今患有痔疮

酒馆老板还会唱些史诗

即使荒腔走板

也能让他掉会眼泪

村长添置了新车

黄金的笼头

一匹好马

法师摸它的头

"这是匹好马

他们不知道"

村长抽了他一鞭子

而米利安大婶已不再义愤填膺

在食堂听雨

一个连着一个的哈欠

一滴接着一滴的雨水

春天尚无消息

春情懒困倦怠

我们心里有一些种子

有一些不同形状的走兽和云气

有一些偶尔想起

不敢说出的名字

在这个冬季寒冷的眼神里

在哈欠和雨水中

渐渐腐烂了

好像是情诗

想到你

我感到焦灼的喉咙

焦灼地颤抖起来的

小腿肚

我们从世界历史纲要学习亲吻

绕开逻辑学的专断

通过美学的狭隘洞穴

终于组成文艺学的外壳

一碰就碎，一往情深

"五点十分，在图书馆见面。

记得带伞

海滨城市的冬天

很阴郁

满是悲戚的喘息

像你"

你在另一个纬度

有我们熟知的极少下雪的气候

薄霜的早晨

不知道

是不是某种难熬

捉住了我们的腿脚

沿经脉拆解，展开

传播疾病

你记得

不要原谅持刃的人

不要忘记发怒，哭泣，猛烈地叹息

携带围巾和外套

补充钙质　睡眠　和六级单词

做一个偷偷摸摸的好人

非五言遣怀

你指给我看枝头

它们也曾是一些冻柿子

小事和大事挂在一起

家国陈列在此处

以杨桃叶的细弱和绿

榕树中端坐神仙

教育好了的，为人民服务

生死和平白的脸漂浮起来

红色蜡油烫出冬天的戒疤

我们跨进大门

有时辨认捐款人的名字，有时不

看到湖，说"好大的湖"

看到字，是"好黑的字"

而看到碎瓦片和枯枝

文盲一时也失去了壮志

行路

有些惊讶

一个女人忽然靠近

多边形的嘴唇向另一个维度延伸

直到穷尽所有的嘴唇

实有的线条穿过黑色的雪

此时黑夜更白

神仙也伸手不见五指

她一说出"不见"

手指就长了出来

只是无法看见

黑色动摇了

纷纷从雪上掉落

和蒙冤的人走了一路

他们都覆面

脖子上有一条细的红线

是头掉下的那个地方

预告的延迟机制

"厌恶的原型是西兰花"

话已至此，不可透露更多了

然后她跨上驴子走了

那驴子，唉，奇形怪状

叫声令人悲痛

哭三日不止

西兰花。挑出蒜粒

扑面而来腐烂的味道

这是早知道的事

难道指望陈年的头还能口吐莲花

风吹过时总有一种残忍之处：

我们所看到的、当下的注视

偷偷换成咸鱼的眼白

"它好像还不理解自己的处境"

你讨价还价的手指不断戳到我

折断的鳞片

引起少许缺乏细节的痛

"这是粗制滥造的疼痛"

"极端的侮辱。他们竟……"

"哎哎，哦呦"

"更为精致的形式"

它要多长一些膝盖和手掌

然后都投进尘土

就像个真正的谄媚小人

白日谋杀案

十月开头。抽出磨了多年的刀

因气候问题，忽冷忽热

热的时候，膨胀

杀气也是肉身上一点油光

翻身才发现不得动弹

四壁尽是自己的眼　耳　口　鼻

胳膊　大腿　生殖器

宇宙呈煎饼状

反之亦然？

煎饼在喙中圆转如琉璃

一种反向进化

啄石子和蚯蚓

"那女孩脸上常爬满蚯蚓

不很吉利"

但忽然冷起来

刀锋皱缩成过期的杏

垂老而无能

而我们站在路边

每当有人露着大腿

我们就暗暗交换眼色：

"他一定很冷"

他们必须接受检阅

才能走进下一阵寒风

岭南气候报告

弯曲手臂。伞如同尖刺

一遍遍探询雨滴中仅存的良心

弥漫则是另一种困境

正午，嬉戏你的帽子

沿日影边缘，半是虚假的戾气

冻出冰霜

侧幕，月亮臃肿而凶恶

猜测背面的白，浮起规则的阴影

头发持续膨胀海潮的声音

瓦片战栗欲倒下。而你我皱缩如李

一桩陈旧的谋杀，弓弦吊起

流下，仍是旧的音韵学

又挨得更近了一点。肃杀的音乐

将毛衣裹得越紧

在织物的纹理中，动物找到丛林

而人类不断抛弃新的火种

升腾起欢呼：食物和酒

莫愁女·游湖

表

忽然多了许多卖莲蓬的人

沿街，挑着担

那种挑过曾是小孩子的我们的篾条筐

在商品经济时代忽然装满莲蓬

既不是朱奔的莲花

也无关体制背面的绣榻野史

集体培植的感伤情调

剥开就可以吃

咔嚓咔嚓

被虫蛀了的鬼魂低声地咳嗽

明里暗里被抛掷的鬼魂

里

"莫愁湖的传说有各种版本

每个版本里的莫愁都投湖而死

命名已提示真相

莫愁，正如反邪教公园

又或和谐社会

每一个都面带愁容

有时她是歌女

有时她是烧火丫鬟

但最后她总是投湖而死"

事情对我们来说也无不同

一切都容易理解

无望的爱情，横隔门第又或冤枉的血

那个风雨飘摇之夜

你也确曾得过古君子的顽疾

唯独不可理解的是：

她本不该轻易把明珠送人

关于那把碎在文学史的坚硬上的琴

至今仍在哄骗厌世者

交出最后一点零星的火

湖底的无数个莫愁面面相觑

眼窝中燕子的残像

啄食同样饥饿的蛆

有时承包商摘下莫愁之头

沿街叫卖："一个五块

十块三个"

胭脂

"卖胭脂。卖胭脂"
大喜大悲都需要额外的粉饰
滴血。这身红袍哇
听奉承话：定能换紫袍嗬

附耳。你要看好了
这个江湖戏法
生可以死，死可以生
可不是什么爱情的灵药
古诗中没有爱情
只有君臣、友谊和家园
细看招牌：有钱的捧个钱场

阴谋的味道。只是问错了路

又替他，那个红衣青年

抹上新鲜的胭脂

晚风中，竟也荷花般

败落了，发出

微微的酸味

即景

沉闷的下午

这种沉闷有时是轻佻的

我们想埋头大睡

不理会新鲜的东西长出来了

爆炸新闻

新的总统和事变

刚刚撑开的伞

比雨慢了一步

趁着这个间隙

春天取得了阶段性胜利

情变的密谋四下里流行

我们忽然成了流亡的人

有时这种沉闷是严肃的

不成器的君子要从圣王手里夺权

他于是倒在帐下

死前刚算好欠了几笔赌债

救星远还没有降世

敌军已涌到山门

神奇的事情一件都没有发生

我们在河水中躺下

白色塑料袋和黑鱼同时飘过

张开机械鳞片鼓动如风箱

我们去不鸣山吧在那里我们制定秩序

在那里有新的黄金和河流

你说着说着把身体翻了过去

红裙子鼓胀起来

像一个小型专制国家

逃亡者总是在裙底躲避追捕

（很熟悉。德国或日本小说

他们在半梦半醒中

提及死亡和巫术）

我也是其中一个坏人

却没有做过任何坏事

后来天黑了

我们闭上眼睛

美人蕉一朵也没有掉下来

梅花鹿也没有踏碎新雪

神奇的事情一件都没有发生

激战黄龙寺

无人可以抽身。也无人在有马的地方

窃贼在满头珠翠中跌倒

他是个臃肿的老年

大汗淋漓我们正摊开错误的地图

这个屋顶下住过一个木匠

被捕时她的妹妹跌坐在楼梯口

风吹起衬衫一角像鸟闪现

而我们向外地人问路暴跳如雷

叫卖毛鸡蛋的人换了招牌：

胸口碎大石

他的胸口一天碎五遍

幸好心肠越来越硬

不再为人世的买卖过度忧伤

黄龙寺并不是好地方

落魄商人和神棍一齐躺在路边

我们要冒连夜大雨回去

还有一句真话你没有说出

"顾城最好的诗是《布林的档案》"

谋皮

每一道阴影最终扑向他自己

街道上灰尘蒙脸

木地板和常绿盆栽处栖身

光洁的蜡未能使我们光洁

只有罪恶是对旧世界致命的修缮

而戴罪的人据说孝顺且勤劳

用自己的馍馍换自己的粮食

看到异性则垂头而过

他们手中已没有白鸽

额前却闪烁阴郁的行星

大街上时刻都有走失的呻吟

充耳不闻以为是口技横陈于屏风后

亵语和嚎叫混同：

"我们以为自己是幸存者

其实我们都是被车轮碾过的人"

井水河水从未判然分离

我们和鬼魂坐在一起吃泡面

个个都像纷纷的你

午夜热闹得令人心惊肉跳

诗三百

找一个早就被强拆的故居

或者从《辞源》中找一个

早就从现代性的舌尖上走失的音节

念出来有莎草的质地

已经枯萎，不再被一种颜色打湿

在纸制的楼窗看到所有植物

都像一碗白粥一样善良

多年前以及多年后

我们仍然没有学会

吴方言里的元音与辅音

抽油烟机使用很方便

像一种胜利

扫除云气和野外的烟

此外，你说还需要拧抹布机

这个人喝酒时不佐水草

不会用中古汉语念诗经

只有山西老表还在以醋作酒

醉了一遍又一遍

不过当你拒绝我的时候

我是不会去辗转反侧的

我要去你居民楼下

成为一支人人喊打的游行队伍

片断

1

你的头发里藏着一阵雨水

它们时常拍打我的脸

像多年前袭击一块瓦片

现在它失去形状

2

灯光盛大

节日拥挤向我们

把我们切割成愉快的形状

我们不该坐在暗处

敞开油腻腻的脸孔

伸出几个粘着饼干屑的指头

我们应该像隔夜的垃圾

躺倒在广场

发觉一些被使用、被遗弃的命运

3

一个姑娘在挑选水果

她拿起一个李子的样子

比她做数学作业时的样子

还让我着迷

4

你替我续了一杯廉价茶叶

之后我经常失眠

虚无主义的跳蚤

在我的衣兜里繁殖得越来越多

谈话

有时候我想和人们谈谈

在一个没有灰尘的下午

我们坐在时间之外的一块空地上

看谷子晒它的身体

它们最终要进入我们的血肉

好像我们也能拥有被镰刀斩首的命运

日常

一个别人的妻子在我家里

她抱怨丈夫的恶行

又流了不少眼泪

拉上窗帘

反复把脸埋进床单

生怕看见灰色的鸟

从窗外的栅栏间闪现

她不时开关我的冰箱门

从里面拿出一只皱缩的李子

几根鸭锁骨　一瓶啤酒

后来天黑了

她还是回家了

带走了我的开瓶器

我很难过

那是我唯一的开瓶器

那之后

我总是用牙齿打开酒瓶

悬想

"悬空的东西

不要用悬空的词语去讲"

丽丽说话

丽丽刷牙

丽丽在马路上吐出大量白色泡沫

丽丽是踩在水泥和青烟上的实有物

玻璃幕墙是粗糙的红：贴图错误

仍从货架上取回数据碎片

二三子同吃薯条

也有高世之志

有时我们造物

有时我们造我

掸掸衣袖回家去

伤心者经不起夜色的剥削

还有何物可挂念?

一种古典主义的回答

"鲈鱼脍和莼菜羹"

兄弟情深

我们驱逐一个没有左手的人

我们也打死一些羽毛过长的鸡

拧断几根过于细瘦的胳膊

有时光线进入窗户的姿势

缺乏正确的角度

这让我们不安

推平不适宜的道路、弄堂

和香味辛辣的树

作为生物和居民，我们以为已经无须发问

经验老到，惯看生死

突然消失的电线杆和路标

突然生长的绿化带

没人知道一年中

小巷里走失了多少打工佬、流浪汉

和良家妇女

一切越来越美好了

用国家一级播音员标准的普通话

我们有标准的猪肉、美女和类型片

灾难都发生在远处

隔着过期杂志的彩色油墨

人们追问的匮乏和混沌

都要归咎于封建时代

他说，可是

有时他会想念

一颗摔碎的玻璃球

或者浑身泥浆的自行车手

这让我们不安

红灯记

一种旧道德与另一种旧道德

一盏唐皇室的红灯和

一盏辩证法的红灯

"我岂肯

与你郭家把头低"

君蕊公主和泪

匆匆走在梅花与梅花中间

路通向内廷

夜色深沉

假如

假如我们面对黑夜

都没有什么可供述

那我们的心里

肯定空无一物

语言的游戏令人倦怠

它既不是有趣的念头

又不是猪肉卷

想法只会越想越渴

好像思念让我们越来越饿

在这个骨瘦如柴的时代

你的腰上被强行减去了一寸

假如你说你乐意

那么我也一起唱诵盛世

不许欺骗夜色

尽管它让我们无眠

隔着网线打同一个游戏

直到难以习惯

在现实中进食

你隔着石制玫瑰问一个男孩

是否见过深海里的尖齿鱼

一只红肿的眼睛在乞求眼药水

一个无头雕塑决定用脖子思考

画框里的女人都跳下来

想扒掉你破破烂烂的外套

我们沿着墙壁奔跑

玻璃珠　火种　恶意的红色涂鸦

天呐我们在一个什么世界

现在不是抱怨的时候

要杀出重围

这比明天重要

比一切应当渴求的东西重要

伟大的结论

她经常做些预言

她说：

要是世界上少一些集体宿舍就会多一些诗人

她说：

要是人们相信我我们可以在空中建造楼阁

她说：

要是人们都举起双手地球会变成一颗蒲公英

她说：

要是人们停止进食人们可能死

可能变成宗教创立者

最后移居美国

变成一个百度词条

她说：

所有的伤痕都在鞭打我

每一粒粮食都因为我饥饿而死

她说：

要是给一个渴水的人水

好过关心另一场必然性的旱灾

但没有人听她的话

世界还是一样坏

后记 / 陶罐上丢失的耳把，或想象中的诗人

有时候我会想象还存在这样一个诗人，他从事诸如银行职员或仓库管理一类的工作，走在大街上和每个人别无二致，他手上既没有蜜，纽孔里也没有玫瑰。我们就在同一个油烟扑面的食肆里吃馄饨，喝咸豆浆，付过相同数额的钞票。他像莫奈发现伦敦的雾一样发现着我们这个时代，尤其是人们已经感觉到却口不能言的事物。他的写作是秘密的，这种秘密不需要经营，像掉在大马路上的法国梧桐的叶子，人们只是路过它。谁也不知道他是个诗人，在他生活的这座二三线城市里充斥着卖不出去的楼盘、外地口音的失业者和无限容纳乘客的公交车，人们只知道他是一个不够成功的人，单身，不贫穷然而也不富裕。一个善良而意义不大的猜想是：总会有人需要他的，除非人们都不再喜欢看光落在河水里、用走调的喉咙唱歌、把酒瓶摔碎在地上。

需要说明的一点，这个想象中的他是无性别的，或者是易性者。

就像黑塞小说里的人物，同时具有阴性和阳性，黑塞可能是个有点古希腊情结的同性恋者，不过可不要一开口就说"哦，头发乌亮的古希腊少年"。到了某天，这点将是无须说明的。现在不行，当下汉语诗歌及其评论普遍没有引入性别研究，把成见当作本能，像那个19世纪的奥地利精神病医生一样相信，解剖即命运。他们写性和性别，依然是对刻板印象的重复与献媚。

这种想象带有老旧的抒情味道，只是在试图相信这样一种情形，即那些口口声声要为我们把脉的人并不真的精通医术，而真正的医生在路边被视为神棍或头脑不清的人。据说每个人都有自己的位置，人们兢兢业业地占据位置，而总有些失去位置的、找不到位置的人，他们是身不由己而离开此时此地，到时间和空间中去的。

至于他写的玩意，或许有人看到了，或许没有，就失散了，那些字和词也并不因此受损，它们只是暂时无法互相寻觅，丢失的联系仍在我们中间，但当变动和惊恐击中我们时，我们都哑口无言地倒下了。或许他说出的正是你倒下时发出的呼喊，它对你毫无助益，仅仅是在灰色的刀尖上为你保留着那些清新的血。

而他自己始终无法严肃地对待诗歌写作，也不能说出它的伟大之处。对他来说,写诗只为自己带来耻辱,仅仅是所有绝望里似乎不那么绝望的一种。诗人头衔落在他头上则像洗刷不去的恶名,提示他乃是个没有做过坏事的坏人。他并不像人们想象的那样(大众对于诗人的刻板印象,以为他们都是酗酒,爱哭,热衷谋杀和性,神经错乱的人),他一直过着单调而规律的日子。而他并不把日常视作他的生活,他只在想象中度日,在那里他也曾开着刷蓝漆的大卡车,在村子和村子间往返,到庙会、市场和戏台下摆小摊,卖水枪、电池、盗版磁带和洋娃娃,丰富乡村人民的精神生活。你就是在那里第一次听到流行歌曲,并购得一双山寨名牌运动鞋。

之后他醒了,发现自己躺在快捷酒店的床上,四面都是墙,没有窗户。

这时他就消失了,我开始出现。

我本来想投身大学生创业,现在不大想了,有新的计划,比如在大马路边躺下,让走在大马路上的人们来路过我,一个大学生反创业活动。再过几个月,这个活动也将遭遇重大挫折,因为那时我不再是个大学生了。写诗多少还能让我有个可怜兮兮的标签,而余华说到过的"游手好闲"也因此具有了合法性,这和喝茶、盘串、刻章差不多。以前一个姓竹的朋友给我刻过一枚"保持低俗"的章，而现在我们的低俗似乎已不大纯粹。那时我们几个人还在嵊州的城郊接合部游荡，看到她们穿着绿色、黄色、白色、蓝色、红色的羽绒服，每一个都是小谢认为的美丽的大姐姐。后来我们想能不能和她们一起去楼上打牌呢，但是要价太贵了，我们还不如自己去打牌。老竹有种老派的浪漫情调，觉得每个性工作者都有金子般的心。他曾想亲自投身风俗业，但和世界上大多数梦想一样未能实现。

真正的痛感是不足为外人道的，不足就是不值得，因为一旦说出来都是无关紧要的东西，最好的诗是还没有写出来的那些部分。或许有些诗人写诗本来就不是为了追求荣誉、奖赏之类的什么好东西，而是已经穷途末路。（我以为最好的形容词就是"好"和"良"。所以夸奖什么东西就只用"好"，比如：这是一张好桌子，这是一匹好马，这是好酒，好风，好水）听说有人看见穷途是要哭的，21世纪的城市规划是个巨大的谜团，我们一不小心就要走进死胡同，迷失于竹竿上的腊肠、酱鸭、大花裤衩，测字算命的招牌，名叫春潮的理发店和夜宵摊中间，我们一不小心就要大哭。你问我这里有什么值得追寻的东西，而如你所见这里是空空荡荡的。

借用一个比方,诗歌是生活这只巨大陶罐上丢失的耳把。我毫不在意它是否具有当代性,是口语的还是晦涩的,是好的还是坏的,它作为一只耳把的命运就在那里。我们和这些无法被利用的东西躺在一起,试图以语言游戏躲避资本和阶级的施压。在这里我们有过数种生活,实践着一种软性的建筑学和天文学。可能性是最重要的,写完之后什么都不会发生,你既不因此成为一个好人,也不因此而抓到了富得流油的大肉馒头,正因为没有发生,因而一切都有可能发生,"任何一阵轻风都能使他动摇"。

生活仍在继续,而我想象中的这个没有事情可干的人,仍然会是一个三流诗人,"不能爱生活,不能爱人,不能严肃认真地对待生活,对待别人和自己。世上总有几个这样的人,他们对生活要求很高,对自己的愚蠢和粗野又不甘心"。从人类芜杂的命运里他偷取了自己的一份,并最终沉入大海,明珠暗投并不是可怕的事,而是宿命发出的暗讽,其中隐秘的慰藉和乐趣只有他自己知道。

蒋静米

2016 年 1 月 24 日